AF267164

DISCOURS

SUR

LA PAIX GÉNÉRALE,

SUIVI

D'UN HYMNE SUR LE MEME SUJET;

Par le citoyen FONTANIER.

A VALENCE,

DE L'IMPRIMERIE DE MARC AUREL;

AN X.

DISCOURS

SUR LA PAIX GÉNÉRALE,

Prononcé à Tournon, dans la Fête du 18 Brumaire an 10, par le citoyen Fontanier, Professeur de Grammaire générale à l'École centrale du Département de l'Ardèche (*).

Il a donc lui ce jour de la grande fête qu'appelaient, depuis si long-temps, nos soupirs et nos vœux ?... Français, réjouissons-nous, livrons-nous aux plus doux transports, fesons retentir les chans de la plus vive alégresse! De tant de nations naguère soulevées et

(*) La publication de ce discours avait été différée jusqu'à la conclusion du traité définitif avec l'Angleterre.

liguées contre nous , il ne nous en reste plus une seule à combattre : toutes ont déposé le glaive homicide , toutes ont signé avec nous le pacte de l'amitié ; oui , toutes, et jusqu'à celle même qui, de tout temps notre plus fière rivale , nourrissait et la fureur et le fol espoir de toutes les autres ; et les fesait toutes mouvoir par ses intrigues et par son or. Nous avons la paix, la paix générale ! C'est la fête de la paix générale que nous célébrons aujourd'hui; aujourd'hui, dix-huit Brumaire , jour de tant de grands et chers souvenirs , jour à jamais auguste et solennel parmi nous !... Oh ! encore une fois, réjouissons-nous, livrons-nous aux plus doux transports , fesons retentir les chans de la plus vive alégresse !

La paix générale !... Elle est donc terminée cette guerre affreuse dont le vaste incendie avait embrasé presque tout l'univers, et qui, depuis dix ans, en Europe sur-tout , dévorait tant d'hommes , de richesses et de trésors ; qui alluma jusqu'au sein de notre patrie, des fureurs sacriléges, et nous fît verser tant de fois notre sang par nos propres mains ; que les pius cruels hivers ne purent ni arrêter ni suspendre, et qui, chaque année ou plutôt chaque jour, reprise avec une nouvelle rage, semblait ne devoir plus finir qu'avec la dernière goutte du sang des peuples?... Oüi, oui, elle est terminée la plus impie, la plus épouvantable des guerres qui jamais peut-être aient désolé la terre et mis la nature en deuil. Elle est terminée, et des jours purs et sereins vont luire dans ce ciel si long-temps en proie aux plus noires et plus horribles tempêtes ! et les jeux, les ris vont reparaître sur ce vaste théâtre de carnage et de dévastation, inondé des larmes de tant de mères, de sœurs et d'épouses ! et sous l'arbre fameux qui, du sein des cités et des hameaux, élève jusqu'aux cieux le signe auguste de notre régénération politique, vont croître et fleurir ensemble le doux olivier, le tendre myrte, et tous ces arbres saints et chéris, symboles de la concorde, de l'amour, du bonheur !...

La paix n'est pas toujours pour les peuples le terme de leurs maux. Souvent elle ne fait que mettre le sceau à leur humiliation, à leur honte, et qu'appesantir sur leur tête un joug odieux : elle arrête l'effusion de leur sang au dehors, mais c'est pour le dessécher et le tarir dans leurs veines; et son olive, presque aussi triste que le cyprès, s'abreuve de leurs larmes, qui coulent dans le silence. C'est alors la paix des tombeaux, la paix de la mort. Mais quelle paix que celle qui fait le sujet de nos solennelles réjouissances! Pouvions-nous la désirer plus belle, plus glorieuse, plus digne du nom français et des hautes destinées de la nation surnommée la GRANDE? Elle assure à la France ces éternelles limites que la nature lui avait assignées, et que nos armes lui ont rendues; accroît d'un cinquième aumoins et sa population et son territoire, et la fait la première puissance politique de l'Europe, comme elle s'en est montrée la première puissance guerrière. Elle nous laisse toute notre influence sur les destinées de tant de peuples que nous avons eu la noble générosité d'associer à notre fortune, et de faire entrer en partage de toutes nos conquêtes de la raison, du génie et de la liberté. Elle restitue ou rattache à leur métropole, toutes ces belles colonies, la source de tant de prospérités, et par lesquelles le Français, en correspondance avec toute la terre, retrouve une patrie et des Français jusque dans les contrées de l'aurore et du couchant les plus éloignées des lieux qui le virent naître. Elle rend à notre pavillon son antique honneur, lui promet un honneur bien plus grand encore, et ouvre à notre commerce toutes les mers, tous les ports tant de l'un que de l'autre monde. Enfin, elle consacre à jamais, aux yeux de l'univers, et notre indépendance, et notre souveraineté, et ce pacte social fondé avec tant de sagesse sur le grand principe de la représentation nationale, et sur les droits sacrés et imprescriptibles de la nature. Et ce qui, pour des cœurs français, pour des cœurs qui savent allier avec l'amour de leur patrie, l'amour de tout le genre humain, ne sera pas sans doute le moindre sujet de triomphe : les autres peuples ne l'ont pas moins avantageuse ni moins favorable que nous, et n'ont pas moins que nous à s'en réjouir ; elle ne nous sacrifie les droits ni les intérêts d'aucun, mais leur conserve à tous leurs droits et leurs intérêts pesés avec les nôtres dans la même balance ; elle les place tous au véritable rang qu'ils sont appelés par la nature à occuper à côté de nous sur la terre ; elle établit entre eux et nous ce juste et sage équilibre, garant de l'existence politique, de la sécurité et du salut de tous. Non, jamais peut-être il ne fut plus vrai de dire d'après un livre fameux, que la justice et la paix se sont embrassées, et qu'elles se sont donné l'une à l'autre le baiser d'amour.

Eh ! à combien de succès, de triomphes et de prodiges, tous plus grands, plus inconcevables les uns que les autres, n'est-elle pas due cette paix, la plus douce de nos victoires, la plus belle de nos conquêtes ? Vous les avez vus les ennemis de la République :

ils couvraient de leurs nombre l'Europe entière, et rien n'égalait leur audace ni leur
fureur. Vous les avez vus accourir sur nous
de toutes parts, le fer et la flamme à la
main ; et, tels que des torrens dévastateurs,
inonder presque à la fois toutes nos frontières.
Mais vous les avez vus aussi tous ces ennemis
si nombreux et si menaçans se dissiper et
s'évanouir devant nos drapeaux, comme de
vains songes produits par les illusions des
sens et de l'imagination : et tandisqu'au de-
dans l'édifice républicain s'élevait majestueu-
sement sur sa base immuable, vainqueur de
toutes les factions, de toutes les intrigues
et de tous les orages ; vous les avez vues les
légions immortelles de la Patrie poursuivre
par-tout en chantant, et pousser jusqu'aux
portes des palais des rois, leur marche triom-
phale et le cours sublime autant que rapide
de leurs victoires. Oui, vous avez vu la valeur française étonner, illustrer par ses mira-
cles, et soumettre à l'empire des trois couleurs,
et les Pyrénées, et les Alpes, et l'Apennin ;
et les rives de l'Ebre, de l'Escaut, du Rhin,

du Danube; et celles de l'Adda, du Pô, de l'Adige, du Tibre; et celles de ce golfe si orgueilleux de la cité célèbre qu'il porte sur son onde ; et même jusqu'aux monts sourcilleux au sein desquels, depuis Charles-le-Téméraire, les fiers enfans de Guillaume Tell s'étaient crus invincibles. Que dis-je ? il n'est pas jusqu'à cette terre, l'antique berceau de la sagesse et des arts, et qu'arrose le plus fécond comme le plus étonnant des fleuves; il n'est pas jusqu'à la terre adorée où coule le Jourdain, et où l'Europe voulut envain relever la croix sur les débris du croissant; il n'est pas jusqu'à celle où naissent les parfums, et où s'étendent d'immenses et brûlans déserts : non, il n'est pas jusqu'à l'Egypte, jusqu'à la Palestine, jusqu'à l'Arabie, jusqu'à toutes ces vastes et lointaines régions comprises entre le Nil et l'Euphrate, qui n'aient été tour-à-tour les témoins ou le théâtre de notre gloire. Et-là, nos mains triomphantes ont brisé des sceptres et réduit de vieux trônes en poudre ; ici, elles ont érigé, donné de nouveaux trônes : là, par la plus heureuse des adoptions, des peuples jadis esclaves ont reçu le nom, les lois de la grande nation ; ici, des nations nouvelles sont comme sorties du néant, et des filles, des sœurs sont nées à la République !... O jours fameux et à jamais mémorables de la gloire nationale ! Jours entre lesquels se distinguent par leur éclat, les jours de Fleurus, de Lodi, d'Arcole, de Marengo ! Jours, qui effacez les jours si célèbres de Platée, de Salamine, de Marathon ! C'est vous qui avez produit cette paix, l'objet de notre enthousiasme, de notre orgueil ; cette paix qui fait plus que combler nos vœux, et qui semble ne plus laisser de bornes à nos espérances !...

Mais quoi ! ne m'abusé-je point en n'attribuant la paix qu'à la valeur de nos braves, et qu'au pouvoir de nos armes ? N'est-elle pas aussi le fruit de la politique sage et profonde de cet heureux gouvernement que nous donna le jour dont celui d'aujourd'hui est l'anniversaire ? Gouvernement juste, éclairé, et vraiment grand, vraiment digne d'admiration et d'hommage ! qui, mettant sa force dans l'amour et la confiance de la nation, et alliant à propos la douceur et la bienveillance avec l'énergie et la fermeté, ranima dans tous les cœurs le sentiment de l'honneur français, éteignit les volcans de l'horrible Vendée, mit un terme aux longs excès de la licence et de l'anarchie, créa comme par enchantement de nouvelles légions de héros, prouva à l'univers l'inépuisable fécondité de la France en ressources de tout genre, et fit désespérer à la coalition des rois de réussir jamais à nous vaincre et à nous soumettre ! qui, lorsque la victoire semblait lui dire : « J'ai fait avec toi un » pacte éternel ; poursuis encore, et je te » donne l'empire de la terre » ; a généreusement étouffé la voix de l'orgueil et de l'ambition, pour n'écouter que celle de l'humanité, et a mis sa gloire et ses soins à arrêter l'effusion du sang des peuples, et à les faire respirer enfin de tant de longues et cruelles souffrances ! qui, pour parvenir à ce grand but de ses magnanimes efforts, a non-seulement rassuré par la sagesse et la modération de ses principes, tous ces gouvernemens dont d'imprudentes menaces avaient excité ou irrité la fureur, mais s'est encore porté à tous les sacrifices qui ne pouvaient compromettre ni la dignité, ni les vrais intérêts de la République!... Ah! qu'il vive à jamais dans nos cœurs le héros favori de la victoire et de la fortune, qui brille avec tant d'éclat à la tête de ce gouvernement, et y est tout-à-la-fois l'orgueil, l'amour et l'idole de la nation! Ce héros, dis-je, en qui les talens et les vertus de l'homme d'état ne le cèdent point aux talens, aux vertus du guerrier, et qui, si jeune encore, nous fait admirer dans les inspirations soudaines du génie, les plus sublimes leçons de la sagesse et de l'expérience! ce héros qui, plus grand que les Alexandre et les César, n'a moissonné tant de lauriers que pour donner l'olive au monde, et qui, l'ayant donnée, ne se montre plus jaloux et flatté que du titre auguste et doux de père de la Patrie!

Si maintenant nous regardons devant nous, quelle perspective heureuse et brillante, quel pompeux et magnifique avenir se déploie à nos yeux ! Elles s'élèvent du sein de tant de décombres et de ruines, toutes ces institutions depuis si long-temps réclamées de la sagesse et du génie des nouveaux Lycurgues, et qui ne pouvaient naître ou se perfectionner au milieu des troubles et des orages qui agitaient et tourmentaient en tout sens le vaisseau de l'état. Au code fondamental de notre grande association politique, vont se joindre l'un après l'autre, préparés et mûris dans le calme de la méditation, les divers codes destinés à en être le digne complément : et des lois justes, bienfaisantes, et sublimes autant que simples, effaçant jusqu'aux dernières traces de la servitude et de la barbarie, assurent par-tout au citoyen, dans sa personne, dans ses biens, dans son industrie, toute l'étendue de liberté compatible avec l'ordre public, avec les devoirs de la nature, avec l'intérêt des familles ; protégent le faible contre le fort, le

pauvre contre le riche , et les tiennent tous
à une égale distance des deux extrêmes
odieux de la dépendance et de la domina-
tion ; préviennent dans les contrats et dans
les transactions des particuliers , les procès
et la ruine de leurs neveux ; préviennent les
délits et les crimes encore plus qu'elles ne
les punissent ; font que le glaive de la justice
est presque toujours dans le fourreau, et que
le monstre de la chicane se dévore lui-même
dans les convulsions de la faim et du dé-
sespoir. La Religion , rappelée du ciel sur
la terre avec tout pouvoir pour le bien et
nul pouvoir pour le mal, vient imprimer aux
lois un caractère divin , et donner à la morale une base sacrée , immuable ; l'encens
libre des cultes, fumant sur les autels des
temples sous les auspices de la tolérance
publique , s'élève avec la voix libre des
cœurs jusqu'au trône de l'Eternel ; et la
Philosophie, cette sœur auguste de la Religion
et de la Morale , n'a plus à rougir de son
nom , parce qu'elle n'est plus confondue avec
cette droctrine affreuse et désolante , qui ,

entourant par-tout l'homme de la mort, du néant, et ne lui fesant envisager que ruines dans toute la nature, étouffe dans son cœur tout sentiment généreux, et jusqu'au germe de la vertu. Des écoles publiques, formées sur un plan vaste, grand, uniforme, distribuées avec proportion et égalité, et, dans tous les degrés de leur hierarchie, non-seulement dignes monumens de la grandeur et de la munificence de la nation, mais même de beaucoup supérieures sans doute à tout ce qu'on put jamais admirer d'établissemens en ce genre, acquittent par-tout la dette de la patrie envers cette nombreuse et intéressante jeunesse, son plus doux et plus cher espoir; envers cette jeunesse, hélas! que, dans des lieux moins heureux que ceux-ci (*), ne lui disputent que trop, ou le vice, la corruption et l'im-

______

(*) Tournon est assurément une des villes qui ont le plus de ressources pour l'instruction. Il a une école centrale et un pensionnat qui comptent autant d'élèves et sont aussi florissans que son ancienne école militaire.

moralité, chaque jour plus effrayans dans leurs progrès et dans leurs ravages ; ou l'igno-rance, l'hypocrisie et le charlatanisme, ligués ensemble contre les lumières et la raison, en faveur de tout ce qui tend à abrutir les esprits ou à rompre l'unité civile et sociale !...

Oui, c'est le moment, le moment heureux où vont être couronnés et nos vœux les plus chers et nos plus douces espérances ; où nous allons recueillir les fruits de tant d'efforts, de sacrifices et de combats. Voyez déjà quel mouvement, quelle activité dans toute cette immense population répandue sur le sol de la République ! Est-il un seul coin de ce sol incommensurable où le premier des arts, où le grand art des peuples libres ne porte la fécondité et la vie ? Est-il un désert si sauvage, des landes si arides, où il ne fasse germer des moissons, où il n'enfante à la Patrie de nouveaux citoyens ? Et le commerce, qui a langui dans un état si déplorable d'inertie et de stagnation ; le commerce, ce second principe de la vie des états, et qui partage avec l'agriculture le titre d'art nourricier des peuples, comme par-tout il renaît et se relève plus florissant que jamais, libre de toutes les entraves qui autrefois embarrassaient sa marche ou étouffaient son génie ! comme par-tout il multiplie les bras de l'industrie et les sources de l'abondance, en portant ses fécondes spéculations sur toutes les espèces de richesses et de ressources que la nature a placées près de nous, et en allant nous chercher jusqu'au de-là des mers les plus lointaines, les richesses et les ressources qu'elle nous refuse dans nos climats !... Et jusqu'où ne poussent-ils pas leurs sublimes découvertes, jusqu'où n'étendent-ils pas leurs vivifiantes lumières, ces sciences et ces arts confidens ou rivaux de la nature, qui mesurent les cieux, les mondes, commandent au temps, à l'espace, domptent les mers et les fleuves, franchissent les airs, maîtrisent la foudre, sondent les profondeurs de la terre, dévoilent à nos yeux toutes les merveilles de la création, ajoutent à ces merveilles des merveilles non

moins étonnantes , nous associent en quelque
sorte à la puissance du créateur , et nous
font régner avec lui sur ce vaste univers?
Ils brillent aussi de tout leur éclat, ces
arts divins et chéris , le plus doux charme
comme le plus bel ornement de la vie, qui
animent le marbre, la toile, et nous sub-
juguent par la puissance magique des sons
et de la parole : ces arts, dis-je, dont
l'influence sur la gloire et la prospérité des
états, est assez prouvée par l'opinion qui
leur attribue d'avoir arraché les hommes du
fond des forêts , pour les réunir en société
sous le joug salutaire des lois; qui ont
donné à la France un siècle égal aux plus
beaux siècles de la Grèce et de Rome , et
nous ont fait la nation la plus polie et la
plus aimable de l'univers; qui maintenant
nous doivent des Homères , des Pindares,
pour chanter les nouveaux Alcides; et des
Phidias, des Appelles, pour élever à leur
gloire des monumens qui la retracent à
tous les âges. Les sciences et les beaux arts!
quel ne sera pas leur essor et quels ne seront

pas leurs prodiges dans un pays où la pensée n'est soumise à aucune espèce de tyrannie ; où la plus vaste carrière est ouverte aux talens de tout genre, à toutes les idées grandes, sublimes , généreuses ; où les seules distinctions que la loi reconnaisse sont celles du talent et de la vertu ; où les plus éclatans , les plus fameux souvenirs s'offrant partout et sans cesse à l'imagination , ne peuvent que la porter au plus haut degré d'exaltation et d'enthousiasme ?...

O vous, qui, n'ayant vu la République qu'au milieu des orages de toutes les passions et des fureurs de tous les partis, qu'au milieu des combats sanglans et continuels qu'elle a eus à soutenir et contre le despotisme et contre l'anarchie, pourriez, aigris par de douloureux souvenirs, ne l'avoir point regardée encore d'un œil de complaisance, ou même ne l'avoir regardée qu'avec l'œil de la prévention ! c'est maintenant qu'il faudra la voir, la juger ; maintenant qu'à l'ombre de ses palmes, elle va convertir

en soc, en outils d'ateliers, et tourner contre
la terre, ou contre le marbre, le chêne ou
les durs métaux, ce fer qui n'a que trop
servi à répandre le sang des hommes; maintenant que, tranquille au dehors et tenant
toutes les factions enchaînées à ses pieds, elle
n'aura plus d'autre soin, d'autre sollicitude,
que d'étendre, d'accroître et d'assurer de
plus en plus la félicité de ses citoyens, par
le perfectionnement de toutes les parties de
l'administration publique, et par le développement de toutes les facultés morales et
industrielles de la nation; oui, maintenant
que, toute entière aux arts de la paix,
elle leur appliquera et la force et l'activité
de ce génie si terrible et si puissant dans
la guerre; et que, par la grandeur et la
majesté de son gouvernement, par l'équité
et la douceur de ses lois, par la sagesse et
la beauté de ses institutions, par l'exercice
le plus libre et le plus solennel de tous les
droits chers à l'homme, par le spectacle de
toutes les prospérités et de toutes les jouis-
sances, par la pompe même et la magnifi-

cence de ses fêtes, elle fixera les regards et fera l'admiration, l'amour, ou l'envie des peuples dont elle fut l'étonnement et l'effroi par les prodiges de la valeur, et par la rapidité, l'éclat et le nombre de ses triomphes. Ah ! quand fut-il plus beau d'être Français ? Quand ce nom dut-il inspirer plus d'orgueil à ceux qui le portent ? Français et citoyen Français ! est-il sur la terre et dans tout le faste des grandeurs humaines, quelque titre audessus de ceux-là, ou qui même, aux yeux de la raison, leur soit comparable ? Portez vos yeux du midi au nord, portez-les du couchant à l'aurore, et dites quelle patrie vous préféreriez à la République française ? Quelle patrie lui préféreriez-vous, lorsqu'elle fait par-tout tant d'enthousiastes, et que tant d'étrangers, accourant dans son sein, briguent à l'envi l'honneur d'être ses enfans adoptifs ?

Mais, il faut le dire, pour que la République puisse atteindre toute la hauteur de ses destinées, ce n'est point assez d'avoir enfin

si heureusement fermé le temple de la guerre et ouvert celui de la paix ; ce n'est
point assez que le cri des combats ou des
discordes civiles ne se fasse plus entendre,
et qu'il nous soit permis de laisser reposer
la foudre de nos vengeances. Il faut que
nous triomphions d'ennemis jusqu'ici trop
méprisés peut-être, et pourtant non-moins
redoutables que ceux que nous avions dans
les puissances coalisées, d'ennemis d'autant
plus dangereux et d'autant plus difficiles à
vaincre, que nous les portons au-dedans de
nous-mêmes : il faut que nous triomphions de
nos passions, de nos vices, et de tant de
préjugés et d'erreurs qui, nous divisant
d'opinions, de principes, d'intérêts et de
vues, ont causé les troubles, les dissentions,
les déchiremens horribles, et les excès inouïs,
les crimes sans nombre, auxquels la patrie
s'est vue en proie pendant le cours de cette
révolution, d'ailleurs si illustre par tant
d'exemples, de traits et d'actions sublimes
et héroïques dans tous les genres. Il faut
que les lois reprennent tout leur empire sur

les cœurs, sur les consciences ; et que, respectées et chéries comme les garans sacrés de la félicité publique, elles respirent partout vivantes, aient par-tout un culte, et par-tout régnent en souveraines. Il faut que les mœurs privées et publiques, rappelées sous le joug de l'honneur et de la décence, ne laissent plus apercevoir aucune trace de ces désordres dont elles n'ont que trop offert, dans ces derniers temps, le honteux spectacle : sans mœurs, est-il de liberté, de République ? est-il même des lois ? Il faut, dirai-je encore, que tant de haines, de divisions et d'inimitiés funestes, sortant pour toujours de nos cœurs et de notre souvenir même, expirent sur l'autel de la concorde, au milieu des plus vrais transports de la réconciliation, au milieu des tendres épanchemens et des douces étreintes de la confiance et de l'amitié. Il faut que le nom de Patrie, que ce nom si saint, si ravissant, et qui dit tant de choses à qui sait l'entendre, enflamme, transporte toutes les ames, et les pénètre toutes de son charme et de son énergie ; qu'il pousse tous les vœux et tous les efforts vers le centre commun et indivisible du bien public ; confonde ensemble et réunisse comme en un seul point tous les intérêts, toutes les destinées, et toutes les existences, s'il faut le dire ; fasse respirer, dans chaque citoyen, tous les autres citoyens ; ne fasse de toute la nation qu'une nation de frères et d'amis, n'en fasse qu'une seule et grande famille....

C'est à toi d'opérer tous ces grands prodiges, ô toi, dont le front brille avec tant de douceur sous l'olive qui le couronne ; toi, que les jeux et les ris, que les arts et les vertus suivent comme leur mère ; toi, dont le regard fait naître le sourire et la joie, et dont la main sème les roses et les épis ; ô paix, aimable paix, vierge innocente et pure, descendue du ciel pour réjouir et consoler la terre ! Rétablis en nous le calme des sens et des passions, la sérénité et la liberté d'ame, la sécurité et la confiance ! Rétablis-y tous les sentimens tendres, affectueux, toutes les dispositions généreuses et bienveillantes ! Resserre autour de nous ces nœuds si doux, si saints, que les besoins mutuels formèrent pour la félicité commune, et que tant d'agitations violentes, tant de secousses terribles avaient presque entièrement rompus et brisés ! Rends-nous communes et chères à tous, les idées sublimes d'ordre, de concert, d'harmonie ! Enflamme - nous tous du double amour, de l'amour sacré de la patrie et de la justice ! Purifie le sol français de la souillure de tant d'excès et de crimes, et que bientôt on n'y respire plus, avec l'air de la liberté, que l'air même de la vertu !... Mais quoi ! n'invoquerons-nous qu'une vaine chimère, qu'un être purement fictif et qui n'a d'existence que dans l'imagination des poètes ? C'est toi qu'il convient d'invoquer, et c'est toi que nous invoquons, ô toi l'être véritablement être, toi l'être par excellence, suprême et auguste modérateur des mondes qu'enfanta ta parole, et qui roulent sous ton regard dans l'immensité de l'espace ! Eh ! n'est-ce pas toi

qui commandes aux vens, aux tempêtes ;
qui soulèves les flots et qui les appaises ;
qui fais la paix et la guerre ; qui donnes
la vie et la mort ? N'est-ce pas toi qui tiens
dans tes mains la disposition des cœurs, et
qui peux changer ou modifier à ton gré
les sentimens et les volontés des hommes ?
Ah ! puisque tu dis à la victoire de combattre
pour nous à la tête de nos guerriers, et de
nous rester fidèle jusque dans les revers,
qui n'ont jamais été pour nous que des
présages de triomphes, et souvent même que
des triomphes ; puisque tu termines par la
plus belle des paix la plus affreuse des guerres,
et qu'enfin nous voyons arrivée à tout son
développement, à sa fin, cette immense
révolution que tu te plus à conduire à tra-
vers le déchaînement et le choc de toutes les
passions qui peuvent tourmenter l'espèce
humaine : achève, grand Dieu, l'ouvrage de
ta bonté et de ta puissance, en opérant tous
ces prodiges maintenant l'objet de nos vœux,
et en nous rendant de plus en plus dignes
des belles destinées que tu nous as faites !

Que par toi les jours de la paix soient pour nous le véritable âge d'or ! Qu'il ne soit pas moins l'âge d'or pour toutes les autres nations ! Et qu'il dure, cet âge, autant que le grand siècle qui vient de naître ! Qu'il dure autant que tous les siècles qui sortiront encore du sein de l'inépuisable avenir ! Oui, que la guerre qui vient de finir soit la dernière de toutes ! Que l'esprit de conquête et de brigandage, que l'amour des combats et des lauriers sanglans, que toutes les ambitions féroces et homicides le cèdent désormais à l'esprit de concorde, de philantropie et de bienveillance universelle ; le cèdent à tous ces sentimens nobles et généreux qui font regarder tous les hommes comme autant de frères, et tous les peuples comme autant de sections d'une même famille ! Que les chefs des empires ne disputent plus entre eux que de zèle pour le perfectionnement de l'ordre social, et pour les progrès des arts, des lumières, du commerce et de l'industrie ! Qu'enfin le bronze et l'airain ne tonnent plus que pour annoncer les fêtes des nations, ou

que pour punir de la manière la plus terrible
et la plus éclatante, les premiers attentats
contre la confédération générale du genre
humain, et contre le repos et le bonheur du
monde !

HYMNE

Chanté à Tournon lors de la publication de la Paix, au mois de Germinal an 9. (*)

Air : *La Victoire en chantant, etc.*

La voici donc enfin la plus belle des fêtes !
Le jour de la paix luit sur nous,
Et dans ce ciel long-tems le séjour des tempétes,
Renaît le calme le plus doux !...
Livrons nos cœurs à l'alégresse,
Chantons nos cantiques joyeux,
Et tous ensemble, avec ivresse,
Fesons retentir jusqu'aux cieux :
A vous tous graces éternelles,
O héros à jamais si chers,
Dont les victoires immortelles
Donnent la paix à l'univers !

(*) Cet hymne fut imprimé et distribué dans le temps, par ordre du Sous-préfet de Tournon. Je le reproduis ici avec quelques additions et quelques autres changemens.

Où sont-ils de vingt rois ces soldats innom-
  brables ,
 De Mars prétendus les aînés ?
Où sont-ils? de leurs rangs si fiers, si formidables,
 Ils couvraient nos bords étonnés...
 La foudre aux superbes fatale
 A confondu leur fol orgueil ,
 Et leur terre même natale
 N'a pu les sauver du cercueil.
  A vous tous , etc.

Les voyez-vous partout, du couchant à l'aurore,
 S'avancer , maîtres des destins !
Voyez-vous devant eux l'étendard tricolore
 De la gloire ouvrant les chemins !
 Des Alpes les fameuses cimes
 Envain s'opposaient à leurs pas ;
 Envain dans ses vastes abimes,
 Le Rhin leur montrait le trépas.
  A vous tous , etc.

Danube, à l'Hellespont va porter l'épouvante ;
 Fuis dans Vienne, Aigle des Césars ;

Pô superbe, soumets ton onde frémissante,
Reconnais les vrais fils de Mars.
Et toi l'antique orgueil du monde,
Egypte, cède à tes vainqueurs ;
Nil, près de ta source féconde,
Vois arborer les trois couleurs.
A vous tous, etc.

———

Quels triomphes partout ! quels prodiges sans
nombre ! …
Tout cède aux Alcides français ;
Tout cède, et les revers mêlent à peine une
ombre
A l'éclat de tant de succès.
O jours fameux par la victoire,
Jours d'Arbelles, de Marathon,
Que de jours nouveaux, dans l'histoire,
Vont faire oublier votre nom ! …
A vous tous, etc.

———

Mais quoi ! lorsque la honte et des fers sont le
gage
Qu'un roi vainqueur laisse aux vaincus,

Les fiers vainqueurs des rois ne sèment leur
      passage
    Que de bienfaits et de vertus.
    Par nous et Lombards et Bataves
    Reprennent leurs droits les plus saints ;
    Les Belges cessent d'être esclaves
    Et sont avec nous souverains.
       A vous tous , etc.

Que le marbre s'anime ou s'élève en colonnes,
    Naissez , ô monumens des arts !
Et nous, pour le triomphe, enlaçons les cou-
      ronnes ;
    Préparons les hymnes , les chars. . .
    O délices ! ô jouissance !
    Des héros voici le retour :
    La paix termine leur absence ;
    La paix les rend à notre amour.
       A vous tous , etc.

Mais vous qu'au champ d'honneur la jalouse
      fortune
    Fit succomber sous vos lauriers,

O martyrs généreux de la cause commune,
 Vous ne verrez plus vos foyers !...
  Ah ! n'allons point à leur mémoire,
  Donner des pleurs injurieux :
  Ils sont morts au sein de la gloire ;
  Ils sont au rang des demi-Dieux.
   A vous tous, etc.

———

Maintenant, ô Français ! puissions-nous, enfin
  calmes,
 Des haines étouffer la voix !...
Puissent fleurir sans cesse, à l'ombre de nos
  palmes,
 Les arts, les vertus et les lois !...
  Mais sachons que de la Patrie
  Nous sommes encor les soldats,
  Et que la liberté nous crie :
  Soyez toujours prêts aux combats.
   A vous tous, etc.

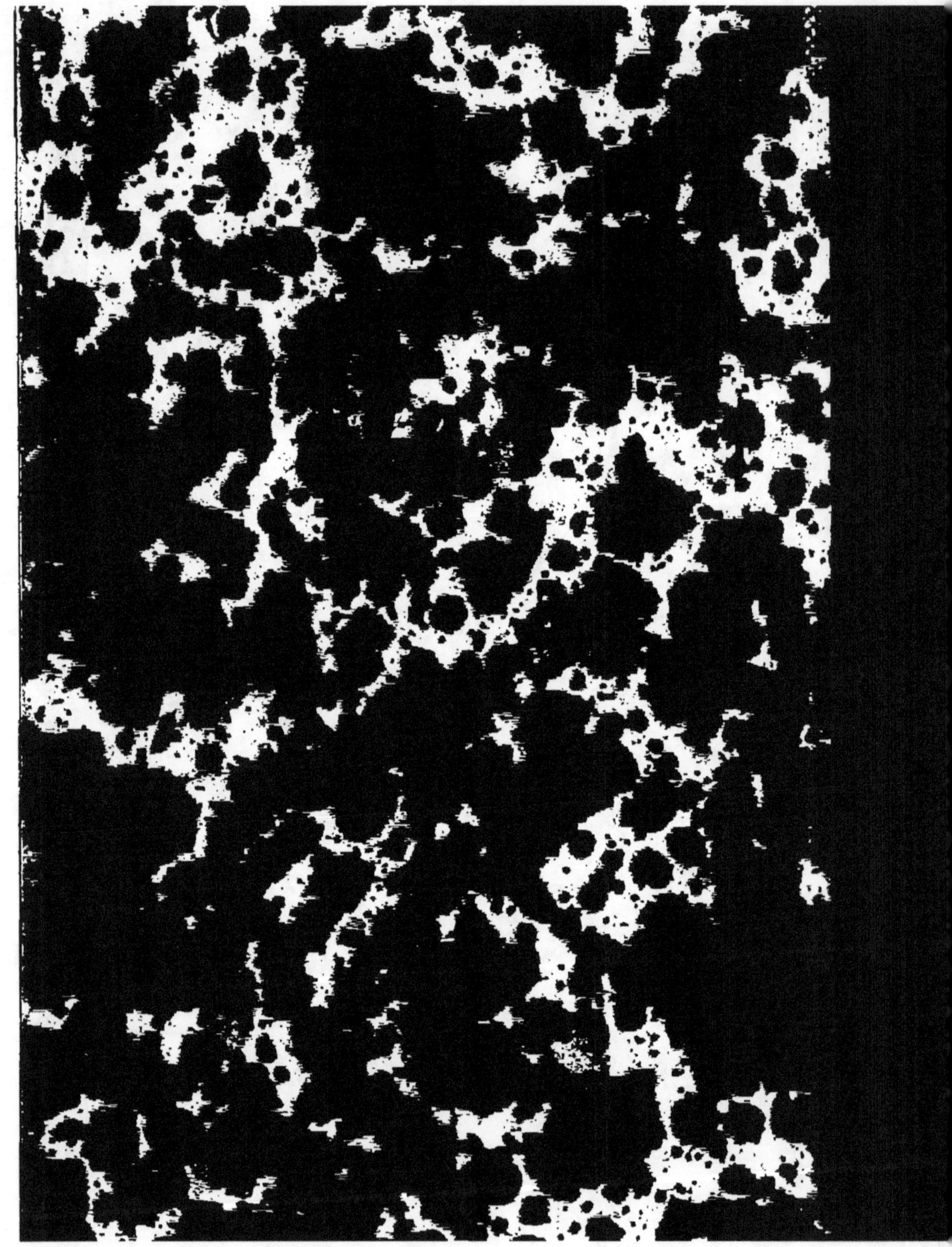